经济数学(上)作业册(含 A,B 册)·B

数学教研室 主编

姓名 ____________________

班级 ____________________

学号 ____________________

西北工业大学出版社

西 安

【内容简介】 本作业册与高等教育出版社的教材《经济数学—微积分》(第4版)相配套,内容包括函数,极限与连续,导数、微分、边际与弹性,中值定理和导数的应用,不定积分,定积分,多元函数微分学,二重积分各章节的习题及其参考答案

图书在版编目(CIP)数据

经济数学(上)作业册 :含A,B册 / 数学教研室主编. — 西安 :西北工业大学出版社,2021.8(2024.8重印)

ISBN 978-7-5612-7934-2

Ⅰ. ①经… Ⅱ. ①数… Ⅲ. ①经济数学—高等学校—习题集 Ⅳ. ①F224.0—44

中国版本图书馆CIP数据核字(2021)第174020号

JINGJI SHUXUE (SHANG) ZUOYECE (HAN A,B CE)

经济数学(上)作业册(含A,B册)

责任编辑:李阿盟 刘 敏 **策划编辑:**李 萌

责任校对:张 潼 **装帧设计:**李 欣

出版发行:西北工业大学出版社

通信地址:西安市友谊西路127号 邮编:710072

电 话:(029)88493844 88491757

网 址:www.nwpup.com

印 刷 者:陕西博文印务有限责任公司

开 本:787 mm×1092 mm 1/16

印 张:11.125

字 数:282千字

版 次:2021年8月第1版 2024年8月第4次印刷

定 价:24.00元 (含A,B册)

前　言

“经济数学”是理工科院校经济、管理类各专业必修的重要基础课，它不仅是学习后续课程的基础，也是在经济、管理类各学科领域进行科学研究所必备的数学基础. 通过本课程的学习，可在获得数学知识的同时，提高抽象思维、逻辑推理、运算技能及综合应用等方面的能力.

“经济数学”课程内容丰富，涉及微积分、线性代数、概率与数理统计，且具有独特的理论体系、思维方式和解题技巧. 为了使学生学好这门课程，西安明德理工学院数学教研室组织具有丰富教学经验的教师，经过集体讨论后编写了这本作业册.

作业册是根据西安明德理工学院“经济数学”教学大纲编写的，内容包括函数，极限与连续，导数、微分、边际与弹性，中值定理和导数的应用，不定积分，定积分，多元函数微分学，二重积分等. 作业册的特点是重点突出、题型多样、题源广泛，力求起到以题促学的目的.

作业册由西安明德理工学院数学教研室编写，参与编写的人员有董慧、张华和刘雪梅，全册由董慧统稿. 在编写作业册的过程中，得到了西安明德理工学院通识教育学院领导的大力支持，也得到了教研室同仁们的鼎力帮助，在此谨向他们表示衷心的感谢！

由于水平有限，书中不足之处在所难免，恳请广大同仁和学生们不吝指正.

编　者

2021 年 4 月

目　　录

第 2 章　极限与连续

2.1　2.2　数列的极限　函数的极限

1. 填空题.

(1) $\lim\limits_{n\to\infty}\dfrac{n+(-1)^n}{n}=$____________, $\lim\limits_{x\to\infty}\left(-\dfrac{1}{3}\right)^n=$____________;

(2) $\lim\limits_{x\to 2}(3x+2)=$____________, $\lim\limits_{x\to 1}\dfrac{3x^2-3}{2x^3+1}=$____________.

2. 计算下列极限.

(1) $\lim\limits_{n\to\infty}\dfrac{2n+1}{\sqrt{n^2+n}}$;

(2) $\lim\limits_{x\to\infty}\dfrac{x-2}{x^2-4}$;

(3) $\lim\limits_{x\to\infty}\dfrac{x^2-1}{2x^2-5x+2}$;

(4) $\lim\limits_{x\to 2}\dfrac{x-2}{x^2-4}$;

(5) $\lim\limits_{x\to 4}\dfrac{x^2-6x+8}{2x^2-3x-20}$;

(6) $\lim\limits_{x \to 0} \dfrac{(a+x)^2 - a^2}{x}$;

(7) $\lim\limits_{x \to 9} \dfrac{x - 2\sqrt{x} - 3}{x - 9}$;

(8) $\lim\limits_{x \to +\infty} x(\sqrt{4x^2 - 1} - 2x)$.

3. 设函数 $f(x)=\begin{cases} -x, & x<0 \\ 1, & x=0 \\ x+1, & x>0 \end{cases}$,讨论 $\lim\limits_{x\to 0} f(x)$ 是否存在.

4. 讨论 $\lim\limits_{x\to\infty} \arctan x$ 是否存在.

2.3 无穷小与无穷大

求下列极限.

(1) $\lim\limits_{n\to\infty}\dfrac{\sin n^2}{n+1}$;

(2) $\lim\limits_{x\to\infty}\dfrac{x^2+1}{x^3+x}(3+\cos x)$;

2.4 极限运算法则

求下列极限.

(1) $\lim\limits_{x\to 1}\left(\dfrac{1}{1-x}-\dfrac{3}{1-x^3}\right)$;

(2) $\lim\limits_{n\to\infty}\dfrac{1+2+3+\cdots+n}{n^2}$;

(3) $\lim\limits_{x\to+\infty}\dfrac{4^x}{3^x-4^x}$;

(4) $\lim\limits_{x\to\infty}\dfrac{(2x-5)^{30}(3x-1)^{20}}{(2x+7)^{50}}$;

(5) $\lim\limits_{x\to 1}\dfrac{\sqrt{x+3}-2}{\sqrt{x}-1}$;

(6) $\lim\limits_{x\to\infty}\dfrac{\sin x}{x}$.

第3章　导数、微分、边际与弹性

3.1　导数概念

1. 求 $y=\sqrt{x}$ 在点(1,1)处的切线方程和法线方程.

2. 当 x 为何值时,$y=e^x$ 的切线与直线 $2x-y=1$ 平行.

3.2　求导法则与基本初等函数求导公式

1. 设 $f(x+2)=\dfrac{1}{x+1}$，则 $f'(x)=$ ________.

2. 求下列函数的导数.

(1) $y=3x^2-\dfrac{2}{x^2}+5$；

(2) $y=x^2\sqrt{x}$；

(3) $y=x^2\cos x+\sin x+\ln\pi$；

(4) $y = 2\tan x + \sec x - \sin e$;

(5) $y = (2 + \sec x)\sin x + \cot x$;

(6) $y = 5x^3 - 2^x + \csc x$;

(7) $y=\dfrac{x-1}{x+1}$;

(8) $y=\dfrac{\ln x}{x-1}$;

(9) $y=x\ln x+\ln 2$;

(10) $y=\dfrac{1}{1+\sqrt{x}}+\dfrac{1}{1-\sqrt{x}}$;

(11) $y=(\cos x+\sin x)e^{x}$;

(12) $y=(2x+5)^{4}$;

(13) $y=\cos(4-3x)$；

(14) $y=\mathrm{e}^{-3x^2}$；

(15) $y=\ln(1+x^2)$；

(16) $y=\log_a(x^2+x+1)$;

(17) $y=x^2\sin\frac{1}{x}$;

(18) $y=\sqrt{a^2-x^2}$;

(19) $y = x\arctan\sqrt{x}$；

(20) $y = \ln\dfrac{x}{1-x}$.

3.6 导数概念在经济学中的应用

1. 设某产品的总成本函数为$C(x)=3+2\sqrt{x}$,总收入函数为$R(x)=\dfrac{5x}{x+1}$,其中x为该产品的销售量,求该产品的边际成本、边际收入和边际利润.

2. 设某产品的需求方程为$p+0.1x=80$,总成本函数为$C(x)=5\ 000+20x$,其中x为该产品的销售量;p为该产品的价格,求边际利润函数,计算当$x=150$时的边际利润,并解释所得结果的经济意义.

3. 求下列函数的弹性(其中 k 为常数).

(1) $y=\mathrm{e}^{kx}$;

(2) $y=4-\sqrt{x}$.

第4章　中值定理及导数的应用

4.1　中值定理

1. 设 $f(x)=(x-1)(x-2)(x-3)(x-5)$，则 $f'(x)=0$ 有 ________ 个实根，分别位于区间 ________________ 中.

2. 证明：方程 $x^3+x+C=0$（C 为非零常数）有且仅有一个实根.

3. 证明：当 $x\geqslant 1$ 时，$e^x\geqslant ex$.

4. 证明：当 $x\in[-1,1]$ 时，$\arcsin x+\arccos x=\dfrac{\pi}{2}$.

4.3 导数的应用(2)

1. 求下列函数的极值.

(1) $f(x)=x^3-3x^2-9x+3$;

(2) $f(x)=\dfrac{x}{x^2+1}$;

(3) $f(x)=2x^2-\ln x$.

2. 当 $x=\dfrac{\pi}{4}$ 时,函数 $f(x)=a\cos x+\dfrac{1}{2}\cos 2x$ 取得极值,求 a 的值.

3. 求曲线的凹凸区间及拐点.

(1)$y=xe^{-x}$;

(2)$y=e^{-x^2}$.

4. 已知点(1,3)是曲线 $y=ax^3+3x^2+b$ 的拐点,求常数 a 与 b 的值.

4.4 函数的最大值和最小值及其在经济中的应用

1. 求下列函数在指定区间内的最大值与最小值.

(1)$f(x)=x^4-2x^2+3,[-3,2]$;

(2)$f(x)=x+\sqrt{1-x},[-3,1]$.

2. 某商户以每件10元的进价购进一批商品,设此商品的需求函数为$Q=40-2p$,则该商户应将销售价定为多少元时,才能获得最大利润,最大利润是多少?

第5章　不定积分

5.3　分部积分法

求下列不定积分.

(1)$\int \arcsin x\,dx$；

(2)$\int \arctan x\,dx$；

(3)$\int x\sin x\,dx$；

(4) $\int x e^{-x} \mathrm{d}x$;

(5) $\int x \ln(x-1) \mathrm{d}x$;

(6) $\int \frac{\ln x}{x^2} \mathrm{d}x$;

(7) $\int x\sin x\cos x\,\mathrm{d}x$；

(8) $\int \mathrm{e}^{\sqrt{x}}\,\mathrm{d}x$.

第6章　定　积　分

6.4　定积分的换元积分法

1. 用换元法计算下列定积分.

(1) $\int_0^{\frac{\pi}{2}} \sin\varphi\cos^3\varphi \mathrm{d}\varphi$;

(2) $\int_1^4 \mathrm{e}^{\sqrt{x}} \frac{1}{\sqrt{x}} \mathrm{d}x$;

(3) $\int_0^1 t\mathrm{e}^{\frac{t^2}{2}} \mathrm{d}t$;

(4) $\int_0^1 x^2 e^{x^3} dx$;

(5) $\int_1^{e^3} \frac{1}{x\sqrt{1+\ln x}} dx$;

(6) $\int_0^4 \frac{x+4}{\sqrt{2x+1}} dx$;

(7) $\int_{-1}^{1} \frac{1}{\sqrt{5-4x}} \mathrm{d}x$;

(8) $\int_{\frac{\sqrt{2}}{2}}^{1} \frac{\sqrt{1-x^2}}{x^2} \mathrm{d}x$;

(9) $\int_{1}^{\sqrt{3}} \frac{1}{x^2\sqrt{1+x^2}} \mathrm{d}x$;

(10) $\int_{-1}^{1}(2018|x|+x^{2017})e^{x^2}\,dx$.

2. 设 $f(x)=\begin{cases}3x^2, & 0\leqslant x<1\\ 2x+1, & 1\leqslant x\leqslant 3\end{cases}$,求 $\int_0^2 f(x)\,dx$.

3. 设 $f(x)=x+2\int_0^1 f(t)\,dt$,求 $f(x)$.

6.5 定积分的分部积分法

计算下列定积分.

(1) $\int_{-\frac{\pi}{2}}^{\frac{\pi}{2}}(x+x^{10})\sin x\,\mathrm{d}x$;

(2) $\int_{0}^{\frac{\pi}{4}}\frac{x}{\cos^{2}x}\mathrm{d}x$;

(3) $\int_{1}^{\mathrm{e}^{2}}\frac{\ln x}{\sqrt{x}}\mathrm{d}x$;

(4) $\int_{-1}^{1} x\mathrm{e}^{x}\,\mathrm{d}x$；

(5) $\int_{2}^{3} \mathrm{e}^{\sqrt{x-2}}\,\mathrm{d}x$；

(6) $\int_{-1}^{1} \ln(1+x^{2})\,\mathrm{d}x$.

6.6 反常积分

求下列广义积分.

(1) $\int_{0}^{+\infty}\frac{1}{1+x^{2}}\mathrm{d}x$;

(2) $\int_{0}^{+\infty}x\mathrm{e}^{-x}\mathrm{d}x$;

(3) $\int_{1}^{+\infty}\frac{\mathrm{d}x}{x^{6}}$;

(4) $\int_0^{+\infty} \frac{1}{x^2+4x+8}\mathrm{d}x$;

(5) $\int_1^{+\infty} \frac{\ln x}{x^3}\mathrm{d}x$.

6.7 定积分的几何应用

求下列曲线所围成的平面图形的面积(需画图).

(1) $y=x^2$ 与 $y=3x$;

(2) $y^2=x$ 与 $y=x-2$;

(3) $y=\dfrac{1}{x}$, $y=x$ 与 $x=2$;

(4) $y=\mathrm{e}^{x}$, $y=\mathrm{e}^{-x}$ 与 $x=2$.

6.8　定积分的经济应用

某产品的边际成本函数是$C'(x)=x^2-4x+6$,边际收益函数是$R'(x)=105-2x$,其中x为销售量,固定成本为100(单位:万元),$C(x)$为总成本,$R(x)$为总收益,求:

(1) 总利润函数;

(2) 使总利润最大的销售量.

第8章　多元函数微分学

8.6　多元函数的极值及其应用

1. 求下列函数的极值.

(1)$f(x,y)=x^2+y^3-6xy+18x-39y+16$;

(2)$f(x,y)=3xy-x^3-y^3+1$;

(3)$f(x,y)=(x+y^2)e^{\frac{x}{2}}$.

2. 某企业生产两种商品的产量分别为 x 单位和 y 单位,利润函数为 $L(x,y)=64x-2x^2+4xy-4y^2+32y-14$(万元),求当 x 和 y 分别为多少时利润最大?并求最大利润为多少.

3. 某厂生产甲、乙两种设备,单价分别为10万元与9万元,生产 x 件甲设备与 y 件乙设备的总成本为 $C(x,y)=400+2x+3y+0.03x^2+0.01xy+0.03y^2$,求当甲、乙两种设备的产量各为多少时,才能使总利润最大?

4. 某工厂生产甲、乙两种产品的日产量分别为 x 件和 y 件,总成本函数为 $C(x,y)=1\,000+8x^2-xy+12y^2$(元),要求每天生产这两种产品的总量为42件,求当甲、乙两种产品的日产量各为多少时,才能使成本最低?

第 9 章　二重积分

9.1　二重积分的概念与性质

1. 填空题.

(1) 已知 $D=\{(x,y)\mid 0\leqslant x\leqslant 1,\ |y|\leqslant 2\}$,则$\iint\limits_D \mathrm{d}x\mathrm{d}y$________.

(2) 已知$D=\{(x,y)\mid x^2y^2\leqslant 4\}$,则由二重积分的几何意义$\iint\limits_D\sqrt{4-x^2-y^2}\,\mathrm{d}x\mathrm{d}y=$________.

2. 根据二重积分的性质,比较积分 $I_1=\iint\limits_D(x+y)\mathrm{d}\sigma$ 和 $I_2=\iint\limits_D(x+y)^3\mathrm{d}\sigma$ 的大小,其中 D 是由 x 轴、y 轴与直线 $x+y=1$ 所围成的.

3. 利用二重积分的性质估计 $I=\iint\limits_D xy(x+y)\mathrm{d}\sigma$ 的值,其中 $D=\{(x,y)\mid 0\leqslant x\leqslant 1,0\leqslant y\leqslant 1\}$.

期中真题(一)

1. 判断函数 $f(x)=(4+\sqrt{15})^x+(4-\sqrt{15})^x$ 的奇偶性.

2. 求函数 $f(x)=\arcsin x+\ln(1-2x)$ 的定义域.

3. 求极限$\lim\limits_{x\to1}\dfrac{x^3-1}{x^2-1}$.

4. 求极限$\lim\limits_{x \to 0} \dfrac{(e^{2x}-1)\sin 3x}{x \tan 2x}$.

5. 求极限$\lim\limits_{n \to \infty} \dfrac{\sin 5n}{n}$.

6. 求极限$\lim\limits_{x \to 0^+} x \ln x$.

7. 求极限$\lim\limits_{x \to 0}\left(\dfrac{1}{x\sin x}-\dfrac{1}{x^2}\right)$.

8. 已知 $f(x)=\lim\limits_{t \to \infty}\left(1+\dfrac{x}{t}\right)^{2t}$,求 $f(x)$ 和 $f(\ln 3)$.

9. 函数 $f(x)=\begin{cases}\dfrac{\ln(1+2x)}{x}, & x>0 \\ x^2+1, & x \leqslant 0\end{cases}$在点 $x=0$ 处是否连续？并说明理由.

10. 设 $f(x)=\dfrac{1+\cos x}{x}$,求 $f'(x)$.

11. 设 $y=x^2\sin x$,求 y' 和 y''.

12. 已知方程 $xy+2y^3-2x^3=0$ 确定隐函数 $y=y(x)$,求 y'.

13. 设 $y=\sin(e^x)+\sec 2x$,求 y' 和 dy.

14. 求曲线 $y=xe^x+e$ 在点 $(0,e)$ 处的切线方程与法线方程.

15. 已知某产品总成本函数 $C(x)=2+3x^3$,总收入函数 $R(x)=20x$,其中 x 为销售量,求该产品的边际成本、边际收入和边际利润.

16. 证明:当 $x>0$ 时,$x>\ln(1+x)$.

17. 求函数 $y=x^2-2\ln x$ 的单调区间和极值.

18. 求曲线 $y=x^3+3x^2+2$ 的凹凸区间和拐点.

19. 求函数 $f(x)=(x-2)e^{x}$ 在区间$[0,2]$上的最大值和最小值.

20. 设某公司生产的一种产品总成本函数 $C(x)=10+20x+\frac{1}{2}x^{2}$,销售单价 $p=30$,求当销售量 x 为多少时,该产品的总利润达到最大?

期中真题(二)

1. 求函数 $f(x)=\arcsin(x-1)+\dfrac{5}{\sqrt{x-1}}$ 的定义域.

2. 判断函数 $f(x)=\dfrac{x^2(8^x-8^{-x})}{e^x+e^{-x}}$ 的奇偶性.

3. 求极限 $\lim\limits_{n\to\infty}\left(\dfrac{n+1}{n-3}\right)^n$.

4. 求极限$\lim\limits_{x\to\infty}\dfrac{x^2}{3x-2}\sin\dfrac{1}{x}$.

5. 求极限$\lim\limits_{x\to 0}\dfrac{\tan 3x\cdot\sin 2x}{\ln(1+x^2)}$.

6. 求极限$\lim\limits_{x\to 1}\dfrac{x^2-1}{x^2-3x+2}$.

7. 求极限$\lim\limits_{x\to 0}\dfrac{\arctan 3x}{e^{x}-e^{-x}}$.

8. 求极限$\lim\limits_{x\to 0^{+}}\tan x\cdot\ln x$.

9. 设函数 $f(x)=\begin{cases} x\sin\dfrac{1}{x}, & x<0 \\ 1, & x=0 \\ \dfrac{1-\cos x}{x}, & x>0 \end{cases}$,判断:

(1)$\lim\limits_{x\to 0}f(x)$ 是否存在;(2)$f(x)$在$x=0$ 处是否连续?请说明理由.

10. 设 $f(x)=\tan x+x\arcsin x$,求:(1) $f'(x)$;(2) $f'(0)$.

11. 求曲线 $y^3=xy+e^{2x}$ 在点(0,1)处的切线方程和法线方程.

12. 设 $f(x)=e^x\sin x$,求:(1) $f'(x)$;(2) $f''(x)$.

13. 证明:当 $x>0$ 时,$x>\arctan x$.

14. 设 $f(x)=\mathrm{e}^{\sin x}+\arctan x+\ln\pi$,求 $f'(x)$.

15. 已知 $y=\dfrac{\sin x}{x}$,求:(1)y';(2)$\mathrm{d}y$.

16. 已知 $y=\dfrac{x}{1+x}$,求:(1)y';(2)y'';(3)$y''(0)$.

17. 当 $x>0$ 时,求函数 $f(x)=2x^2-\ln x$ 的单调区间和极值.

18. 求曲线 $y=x\mathrm{e}^{-x}$ 的凹凸区间和拐点.

19. 设某种产品的需求方程为 $x = 800 - 10p$,其生产总成本函数为 $C(x) = 5\,000 + 20x$,其中 x 为该产品的销售量;p 为价格,求:(1) 边际利润函数;(2) 计算当 $x = 170$ 时的边际利润,并解释所得结果的经济意义.

20. 设某工厂生产的一种产品总成本的函数为 $C(x) = 16\,000 + 100x + x^2$,其中 x 为该产品的生产数量,现若以每单位 1 000 元的价格出售该商品,则当该产品生产多少单位时,工厂所获总利润最大.

期中真题(三)

1. 填空题.

(1) 已知 $f(x)=\begin{cases} \sec x, & 0 \leqslant x < \frac{\pi}{4} \\ (1+x)^2, & \frac{\pi}{4} \leqslant x \leqslant 2 \end{cases}$,则 $f\left(\frac{\pi}{3}\right)=$ ________;

(2) 函数 $f(x)=\frac{2}{\sqrt{4-x^2}}-\arccos(1+2x)$ 的定义域为 ________;

(3) 已知 $f(x)=x-1$,则 $f(x)[1+f(x)]=$ ________;

(4) 设 $y=f(\sin 3x)$,且 $f(u)$ 可导,则 $y'=$ ________;

(5) $\lim\limits_{x \to 0} x \sin \frac{1}{x}=$ ________.

2. 判断函数 $f(x)=(2+\sqrt{3})^x+(2-\sqrt{3})^x$ 的奇偶性.

3. 求极限 $\lim\limits_{n \to \infty} \frac{1+2+3+\cdots+(n-1)}{n^2}$.

4. 求极限$\lim\limits_{x\to 0}\dfrac{(x+h)^2-h^2}{x}$.

5. 求极限$\lim\limits_{x\to 0}\left[\dfrac{1}{x}-\dfrac{1}{\ln(1+x)}\right]$.

6. 求极限$\lim\limits_{x\to 0}\dfrac{\ln(1+2x)(e^{x^3}-1)}{(1-\cos x)^2}$.

7. 求极限$\lim\limits_{x \to 0}(1+3\tan x)^{\cot x}$.

8. 设 $y=5^x-2x\cot x+\sin e$,求 y' 及 dy.

9. 设 $y=\ln(1+x^2)$,求 y', y'' 及 $y''(0)$.

10. 已知函数 $f(x)=\begin{cases}\dfrac{\sin ax}{x}, & x<0\\ x^2+1, & x\geqslant 0\end{cases}$ 在 $x=0$ 处连续,求常数 a 的值.

11. 求曲线 $x+y+\dfrac{1}{2}\sin y=1$ 在点(1,0)处的切线方程和法线方程.

12. 证明:当 $x>0$ 时,$1+\frac{x}{2}>\sqrt{x+1}$.

13. 求函数 $f(x)=\frac{e^x}{1+x}(x>-1)$ 的单调区间和极值.

14. 求曲线 $y=x^3-6x^2-x+2$ 的凹凸区间和拐点.

15. 已知点(1,3)是曲线 $y=ax^3+3x^2+b$ 的拐点,求常数 a 和 b 的值.

16. 证明:当 $x\in(-\infty,\infty)$ 时,$\arctan x+\operatorname{arccot} x=\dfrac{\pi}{2}$.

17. 设某工厂生产的一种产品的总成本函数为 $C(x)=6+5x+x^2$,销售单价 $p=15$,求当销售量 x 为多少时该产品总利润达到最大?

期末真题(一)

1. 求极限$\lim\limits_{x\to\infty}\left(\dfrac{x+3}{x}\right)^x$.

2. 求极限$\lim\limits_{x\to\infty}\dfrac{x^2}{x^3+1}\sin x$.

3. 求极限$\lim\limits_{x\to 0}\dfrac{\int_0^x \arctan t\,\mathrm{d}t}{x^2}$.

4. 已知$\sqrt{x}+\sqrt{y}=9$,求 y'.

5. 求 $y=\dfrac{\ln x}{x}$ 的单调区间.

6. 已知点(1,2) 是曲线 $y=ax^3+bx^2$ 的拐点,求常数 a 和 b 的值.

7. 求不定积分$\int \frac{\arcsin x}{\sqrt{1-x^2}}\mathrm{d}x$.

8. 求不定积分$\int \sin(3x+2)\mathrm{d}x$.

9. 求不定积分$\int \frac{1}{x\sqrt{1-\ln^2 x}}\mathrm{d}x$.

10. 求不定积分$\int \frac{x^2}{x^2+1}\mathrm{d}x$.

11. 求不定积分$\int \frac{\cos\sqrt{x}}{\sqrt{x}}\mathrm{d}x$.

12. 求不定积分$\int x\mathrm{e}^{-x}\mathrm{d}x$.

13. 计算定积分$\int_{0}^{4}\frac{dx}{1+\sqrt{x}}$.

14. 计算定积分$\int_{0}^{\pi}x\cos x\,dx$.

15. 计算定积分$\int_{-1}^{1}(x^3\cos x+x^2)dx$.

16. 计算广义积分$\int_{1}^{+\infty}\frac{1}{x^4}\mathrm{d}x$.

17. 设 $f(x)=\begin{cases} x^2, & 0 \leqslant x < 1 \\ 2+x, & 1 \leqslant x \leqslant 2 \end{cases}$,计算$\int_{0}^{2}f(x)\mathrm{d}x$.

18. 求由曲线 $y^2=x$ 与 $y=x^2$ 所围成的平面图形的面积(需画图).

19. 设 $z=\mathrm{e}^{\frac{y}{x}}$,求:(1) $\frac{\partial z}{\partial x}$;(2) $\frac{\partial z}{\partial y}$;(3)$\mathrm{d}z$.

20.某服装厂生产两种服装的产量分别为 x 千件和 y 千件,两种服装产量满足:$x+y=5$,总利润函数为 $L(x,y)=6x-x^2+16y-4y^2-2$(单位:万元),求当 x 和 y 分别为多少时该服装厂获得的总利润最大?

期末真题(二)

1. 求极限$\lim\limits_{x\to\infty}\left(1-\dfrac{3}{x}\right)^{x}$.

2. 求极限$\lim\limits_{x\to\infty}\dfrac{x^{3}}{3x-2}\sin\dfrac{1}{x^{2}}$.

3. 求极限$\lim\limits_{x\to 0}\left(\dfrac{1}{x}-\dfrac{1}{e^{x}-1}\right)$.

4. 求极限$\lim\limits_{x\to 0}\dfrac{\int_0^x (t-\sin t)\mathrm{d}t}{\ln(1-x^4)}$.

5. 已知 $y=5^{\frac{1}{x}}$,求 y' 及 $\mathrm{d}y$.

6. 求曲线 $xy+3y^3+x=2$ 在点(2,0)处的切线方程和法线方程.

7. 求曲线 $y=\frac{1}{3}x^3-x^2+2$ 的凹凸区间及拐点.

8. 计算不定积分 $\int x\mathrm{e}^{3x^2}\,\mathrm{d}x$.

9. 计算不定积分 $\int\frac{1}{(x+2)(x-1)}\mathrm{d}x$.

10. 计算不定积分$\int \frac{1}{1+\sqrt{2x}}\mathrm{d}x$.

11. 计算不定积分$\int x\sec^2 x\,\mathrm{d}x$.

12. 计算定积分$\int_0^1 \sqrt{1-x^2}\,\mathrm{d}x$.

13. 计算定积分$\int_{0}^{1}\arcsin x\,\mathrm{d}x$.

14. 计算定积分$\int_{-1}^{1}x^{3}(x+\cos^{8}x)\,\mathrm{d}x$.

15. 计算定积分$\int_{0}^{2}|x-1|\,\mathrm{d}x$.

16. 求由曲线 $y=x^2$ 和直线 $y=2-x$ 所围成的平面图形的面积(需画图).

17. 计算广义积分 $\int_1^{+\infty}\frac{\mathrm{d}x}{x^3}$.

18. 设 $z=\mathrm{e}^{\frac{x}{y}}$,求 $\frac{\partial z}{\partial x}$, $\frac{\partial z}{\partial y}$ 及 $\mathrm{d}z$.

19. 设 $u=\sqrt{x^2+y^2+z^2}$,求$\frac{\partial u}{\partial x}$, $\frac{\partial u}{\partial y}$ 及$\frac{\partial u}{\partial z}$.

20.某企业生产两种商品的产量分别为 x 和 y(单位:kg),两种商品产量满足:$x+y=10$,利润函数为 $L(x,y)=6x-x^2+16y-4y^2-2$(单位:万元),求当 x 和 y 分别为多少时该企业获得的利润最大?

期末真题(三)

1. 填空题.

(1) 已知 $f(x)=\lim\limits_{n\to\infty}\left(1+\dfrac{1}{n}\right)^{3nx}$,则 $f'(x)=$____________;

(2) 设 $f(u)$ 可导,且 $y=f(e^x)$,则 $dy=$____________;

(3) 已知 $\dfrac{\ln x}{x}$ 是 $f(x)$ 的一个原函数,则 $\int f(x)dx=$____________;

(4) $x\,dx=$____________ $d(1-x^2)$;

(5) $\dfrac{d}{dx}\int_0^{2x}\sin t^2 dt=$____________.

2. 求极限 $\lim\limits_{x\to 0}\dfrac{\int_0^x t\ln(1+t^2)dt}{x^4}$.

3. 求不定积分 $\int 2\tan^2 x\,dx$.

4. 求不定积分$\int \frac{e^{\sqrt{x}}}{\sqrt{x}}dx$.

5. 求不定积分$\int x\sin x\,dx$.

6. 求不定积分$\int \frac{\sqrt{1+x}}{x}dx$.

7. 计算定积分$\int_0^1 \frac{x^4}{1+x^2}\mathrm{d}x$.

8. 设$f(x)=\begin{cases}\mathrm{e}^x+1, & x\leqslant 2\\ \sin x, & x>2\end{cases}$,求$\int_0^4 f(x)\mathrm{d}x$.

9. 计算定积分$\int_{-1}^1 \frac{2+\sin x}{1+x^2}\mathrm{d}x$.

10. 计算定积分$\int_0^2 \sqrt{4-x^2}\,dx$.

11. 求曲线 $y=2x^3+3x+10$ 的凹凸区间和拐点.

12. 求曲线 $xy-e^x+e^y=0$ 在点(0,0)处的切线方程和法线方程.

13. 求由曲线 $y=\frac{1}{x}$ 与直线 $y=x$,$x=2$ 所围成的平面图形的面积(需画图).

14. 计算广义积分 $\int_{1}^{+\infty}\frac{1}{x^{3}}\mathrm{d}x$.

15. 设 $u=\cos(xy)+3^{z}$,求:(1) $\frac{\partial u}{\partial x}$;(2) $\frac{\partial u}{\partial y}$;(3) $\frac{\partial u}{\partial z}$;(4) $\mathrm{d}u$.

16. 某工厂生产甲、乙两种产品的日产量分别为 x 件和 y 件,总成本函数为 $C(x,y)=1\,000+2x^2-xy+3y^2$(单位:元),要求每天生产这两种产品的总量为 48 件,求当甲、乙两种产品的日产量为多少时该工厂的总成本最低?

参考答案

第 2 章　极限与连续

2.1　2.2　数列极限　函数极限

1. 略

2. (1)2;(2)0;(3) $\frac{1}{2}$;(4) $\frac{1}{4}$;(5) $\frac{2}{13}$;(6)$2a$;(7) $\frac{2}{3}$;(8) $-\frac{1}{4}$

3. $\lim\limits_{x\to 0} f(x)$ 不存在

4. $\lim\limits_{x\to\infty}\arctan x$ 不存在

2.3　无穷小与无穷大

(1)0;(2)0;

2.4　极限运算法则

(1) -1;(2) $\frac{1}{2}$;(3) -1;(4)$\left(\frac{3}{2}\right)^{20}$;(5) $\frac{1}{2}$;(6)0

第 3 章　导数、微分、边际与弹性

3.1　导数概念

1. 切线方程为 $y-1=\frac{1}{2}(x-1)$;法线方程为 $y-1=-2(x-1)$

2. $x=\ln 2$

3.2　求导法则与基本初等函数求导公式

1. 略

2. (1)$y'=6x+\frac{4}{x^3}$;(2)$y'=\frac{5}{2}x^{\frac{3}{2}}$;(3)$y'=2x\cos x-x^2\sin x+\cos x$;

(4)$y'=2\sec^2 x+\sec x\cdot\tan x$;(5)$y'=\sec x\cdot\tan x\cdot\sin x+(2+\sec x)\cos x-\csc^2 x$;

(6)$y'=15x^2-2^x\ln 2-\csc x\cot x$;(7)$y'=\frac{2}{(x+1)^2}$;

(8) $y'=\dfrac{(x-1)-x\ln x}{x(x-1)^2}$;(9) $y'=\ln x+1$;(10) $y'=\dfrac{2}{(1-x)^2}$;

(11) $y'=2\cos x\cdot e^x$;(12) $y'=8(2x+5)^3$;(13) $y'=3\sin(4-3x)$;

(14) $y'=6xe^{-3x^2}$;(15) $y'=\dfrac{2x}{1+x^2}$;(16) $y'=\dfrac{2x+1}{x^2+x+1}\cdot\dfrac{1}{\ln a}$;

(17) $y'=2x\sin\dfrac{1}{x}-\cos\dfrac{1}{x}$;(18) $y'=\dfrac{-x}{\sqrt{a^2-x^2}}$;

(19) $y'=\arctan\sqrt{x}+\dfrac{\sqrt{x}}{2+2x}$;(20) $y'=\dfrac{1}{x-x^2}$

3.6 边际与弹性

1. $C'(x)=\dfrac{1}{\sqrt{x}}$; $R'(x)=\dfrac{5}{(1+x)^2}$; $L'(x)=R'(x)-C'(x)=\dfrac{5}{(1+x)^2}-\dfrac{1}{\sqrt{x}}$

2. $L'(x)=-0.2x+60$, $L'(x)\Big|_{x=150}=30$ 经济意义:当 $x=150$ 时,多销售一个单位的产品,利润就增加 30 个单位;少销售一个单位的产品,利润就减少 30 个单位

3. (1) $\dfrac{Ey}{Ex}=kx$;(2) $\dfrac{Ey}{Ex}=\dfrac{-\sqrt{x}}{2(4-\sqrt{x})}$

第 4 章 中值定理及导数的应用

4.1 中 值 定 理

1. 略

2. ~ 5. 证明略

4.3 导数的应用(2)

1. (1) 极大值点 $x_1=-1$,极大值为 8;极小值点 $x_2=3$,极小值为 -24;

(2) 极大值点 $x_1=1$,极大值为$\dfrac{1}{2}$;极小值点 $x_2=-1$,极小值为 $-\dfrac{1}{2}$;

(3) 极小值点 $x_1=\dfrac{1}{2}$,极小值为$\dfrac{1}{2}+\ln 2$

2. $a=-\sqrt{2}$

3. (1) 曲线的凹区间为$[2,+\infty)$;曲线的凸区间为$(-\infty,2]$,曲线的拐点为$(2,2e^{-2})$;

(2) 曲线的凹区间为$\left(-\infty,-\frac{\sqrt{2}}{2}\right]$,$\left[\frac{\sqrt{2}}{2},+\infty\right)$;曲线的凸区间为$\left[-\frac{\sqrt{2}}{2},\frac{\sqrt{2}}{2}\right]$,曲线的拐点为$\left(\frac{-\sqrt{2}}{2},e^{-\frac{1}{2}}\right)$,$\left(\frac{\sqrt{2}}{2},e^{-\frac{1}{2}}\right)$

4. $a=-1$, $b=1$

4.4 函数的最大值和最小值及其在经济中的应用

1. (1) 最大值为66,最小值为2;

(2) 最大值为$\frac{5}{4}$,最小值为-1

2. 当$p=15$元时,最大利润为50元

第5章 不定积分

5.3 分部积分法

(1)$x\arcsin x+\sqrt{1-x^2}+C$;(2)$x\arctan x-\frac{1}{2}\ln|1+x^2|+C$;

(3)$-x\cos x+\sin x+C$;(4)$-xe^{-x}-e^{-x}+C$;

(5) $\frac{1}{2}x^2\ln(x-1)-\frac{1}{4}x^2-\frac{1}{2}x-\frac{1}{2}\ln|x-1|+C$;(6) $\frac{-\ln x}{x}-\frac{1}{x}+C$;

(7) $\frac{-1}{4}x\cos 2x+\frac{1}{8}\sin 2x+C$;(8) $2\sqrt{x}e^{\sqrt{x}}-2e^{\sqrt{x}}+C$

第6章 定积分

6.4 定积分的换元积分法

1. (1) $\frac{1}{4}$;(2)$2e^2-2e$;(3)$e^{\frac{1}{2}}-1$;(4) $\frac{1}{3}(e-1)$;(5)2;(6) $\frac{22}{3}$;

(7)1;(8) $1-\frac{\pi}{4}$;(9) $\sqrt{2}-\frac{2}{3}\sqrt{3}$;(10)2 018$(e-1)$

2. 5

3. $f(x)=x-1$

6.5 定积分的分部分法

(1)2;(2) $\frac{\pi}{4}-\frac{1}{2}\ln 2$;(3)4;(4)$2e^{-1}$;(5)2;(6)$2\ln 2-4+\pi$

6.6 反常积分

(1) $\frac{\pi}{2}$;(2)1;(3) $\frac{1}{5}$;(4) $\frac{\pi}{8}$;(5) $\frac{1}{4}$

6.7 定积分的几何应用

(1) $\frac{9}{2}$;(2) $\frac{9}{2}$;(3) $\frac{3}{2}-\ln 2$;(4)$e^2+e^{-2}-2$

6.8 定积分的经济应用

(1)$L(x)=-\frac{1}{3}x^3+x^2+99x-100$;(2) 当销售量 $x=11$ 时,总利润最大

第8章 多元函数微分学

8.6 多元函数的极值及其应用

1. (1) 极小值为 -90;(2) 极大值为 2;(3) 极小值为 $-2e^{-1}$

2. 当 $x=40, y=24$ 时利润最大,最大利润为 1 650 万元

3. 当 $x=120, y=80$ 时利润最大,最大利润为 320 万元

4. 当 $x=25, y=17$ 时成本最低,最低为 8 043 元

第9章 二重积分

9.1 二重积分的概念与性质

1. 略

2. $I_1 \geqslant I_2$

3. $0 \leqslant I \leqslant 2$

期中真题(一)

1. 偶函数 2. $D=[-1, 0.5]$ 3. $\frac{3}{2}$ 4. 3 5. 0 6. 0 7. $\frac{1}{6}$

8. $f(x)=e^{2x}$, $f(\ln 3)=9$

9. 不连续,理由略

10. $f'(x)=\frac{-x\sin x-1-\cos x}{x^2}$

11. $y'=2x\sin x+x^2\cos x$，$y''=2\sin x+4x\cos x-x^2\sin x$

12. $y'=\dfrac{6x^2-y}{x+6y^2}$

13. $y'=e^x\cos(e^x)+2\tan2x\cdot\sec2x$，$dy=[e^x\cos(e^x)+2\tan2x\cdot\sec2x]dx$

14. 切线方程为 $x-y+e=0$，法线方程为 $x+y-e=0$

15. 边际成本 $C'(x)=9x^2$，边际收入 $R'(x)=20$，边际利润 $L'(x)=20-9x^2$

16. 证明略

17. 在$(0,1]$内单调递减，在$[1,+\infty)$内单调递增，在 $x=1$ 处取得极小值，$f_{极小}=f(1)=1$

18. $(-\infty,-1]$是曲线的凸区间，$[-1,+\infty)$是曲线的凹区间，$(-1,4)$为曲线的拐点

19. 最大值 $f(2)=0$，最小值 $f(1)=-e$

20. 当 $x=10$ 时，该产品的总利润达到最大

期中真题(二)

1. $(1,2]$　2. $f(x)$为$\mathbf{R}$上的奇函数　3. e^4　4. $\dfrac{1}{3}$　5. 略　6. -2　7. -2　8. $\dfrac{3}{2}$

9. (1)$\lim\limits_{x\to0}f(x)$存在，$\lim\limits_{x\to0}f(x)=0$；(2) $f(x)$在 $x=0$ 处不连续

10. (1)$f'(x)=\sec^2x+\arcsin x+\dfrac{x}{\sqrt{1-x^2}}$；(2)$f'(0)=1$

11. 切线方程为 $y=x+1$；法线方程为 $y=-x+17$

12. (1)$f'(x)=e^x\sin x+e^x\cos x$；(2)$f''(x)=2e^x\cos x$

13. 证明略

14. $f'(x)=e^{\sin x}\cos x+\dfrac{1}{1+x^2}$

15. (1)$y'=\dfrac{x\cos x-\sin x}{x^2}$；(2)$dy=\dfrac{x\cos x-\sin x}{x^2}dx$

16. (1)$y'=(1+x)^{-2}$；(2)$y''=-2(1+x)^{-3}$；(3) $y''(0)=-2$

17. $f(x)$的单调递增区间是$[0.5,+\infty)$，单调递减区间是$(0,0.5]$，在 $x=0.5$ 处取得极小值，$f_{极小}=0.5+\ln2$

18. $(-\infty,2]$是曲线的凸区间，$[2,+\infty)$是曲线的凹区间，点$(2,2e^{-2})$为曲线的拐点

19. $L'(x)=60-0.2x$, $L'(x)|_{x=170}=26$,其经济意义:当销售量 $x=170$ 时,再多销售一个单位的产品,利润就增加 26 个单位;少销售一个单位的产品,利润就减少 26 个单位

20. 当 $x=450$ 时,工厂所获总利润最大

期中真题(三)

1. 略

2. $f(x)$ 为偶函数　3. $\frac{1}{2}$　4. $2h$　5. $-\frac{1}{2}$　6. 8　7. e^3

8. $y'=5^x\ln 5-2(\cot x-x\csc^2 x)$, $dy=y'dx=[5^x\ln 5-2(\cot x-x\csc^2 x)]dx$

9. $y'=\frac{2x}{1+x^2}$, $y''=\frac{2(1+x^2)-2x2x}{(1+x^2)^2}=\frac{2(1-x^2)}{(1+x^2)^2}$, $y''(0)=2$

10. $a=1$

11. 切线方程为 $2x+3y-2=0$,法线方程为 $3x-2y-3=0$

12. 证明略

13. 单调递增区间为 $(-1,0]$,单调递减区间为 $[0,+\infty)$,极大值为 $f(0)=1$

14. 凸区间为 $(-\infty,2]$,凹区间为 $[2,+\infty)$,拐点为 $(2,-16)$

15. $a=-1$, $b=1$

16. 证明略

17. 当 $x=5$ 时,该产品总利润达到最大

期末真题(一)

1. e^3　2. 0　3. $\frac{1}{2}$　4. $y'=-\sqrt{\frac{y}{x}}$

5. 单调递增区间为 $(0,e]$,单调递减区间为 $[e,+\infty)$

6. $a=-1$, $b=3$

7. $\frac{1}{2}(\arcsin x)^2+C$

8. $-\frac{1}{3}\cos(3x+2)+C$

9. $\arcsin(\ln x)+C$

10. $x-\arctan x+C$

11. $2\sin\sqrt{x}+C$

12. $-(x+1)e^{-x}+C$

13. $4-2\ln3$

14. -2　15. $\frac{2}{3}$　16. $\frac{1}{3}$　17. $\frac{23}{6}$　18. $\frac{1}{3}$

19. (1) $\frac{\partial z}{\partial x}=e^{\frac{y}{x}}\cdot\frac{-y}{x^2}=\frac{-y}{x^2}e^{\frac{y}{x}}$;

(2) $\frac{\partial z}{\partial y}=e^{\frac{y}{x}}\cdot\frac{1}{x}=\frac{1}{x}e^{\frac{y}{x}}$;

(3) $dz=\frac{\partial z}{\partial x}dx+\frac{\partial z}{\partial y}dy=\frac{-y}{x^2}e^{\frac{y}{x}}dx+\frac{1}{x}e^{\frac{y}{x}}dy$

20. 当 $x=3,y=2$ 时,该服装厂获得的总利润最大

期末真题(二)

1. e^{-3}　2. $\frac{1}{3}$　3. $\frac{1}{2}$　4. $-\frac{1}{24}$　5. $y'=-\frac{5^{\frac{1}{x}}\ln5}{x^2}$,$dy=-\frac{5^{\frac{1}{x}}\ln5}{x^2}dx$

6. 切线方程为 $x+2y-2=0$,法线方程为 $2x-y-4=0$

7. 曲线的凸区间为$(-\infty,1]$,凹区间为$[1,+\infty)$,拐点为$\left(1,\frac{4}{3}\right)$

8. $\frac{1}{6}e^{3x^2}+C$

9. $\frac{1}{3}\ln\left|\frac{x-1}{x+2}\right|+C$

10. $\sqrt{2x}-\ln|1+\sqrt{2x}|+C$

11. $x\tan x+\ln|\cos x|+C$　12. $\frac{\pi}{2}$　13. $\frac{\pi}{2}-1$　14. $\frac{2}{5}$　15. 1　16. $\frac{27}{6}$　17. $\frac{1}{2}$

18. $\frac{\partial z}{\partial x}=\frac{1}{y}e^{\frac{x}{y}}$,$\frac{\partial z}{\partial y}=-\frac{x}{y^2}e^{\frac{x}{y}}$,$dz=\frac{1}{y}e^{\frac{x}{y}}dx+-\frac{x}{y^2}e^{\frac{x}{y}}dy$

19. $\frac{\partial u}{\partial x}=\frac{2x}{2\sqrt{x^2+y^2+z^2}}=\frac{x}{\sqrt{x^2+y^2+z^2}}$,

$\frac{\partial u}{\partial y}=\frac{2y}{2\sqrt{x^2+y^2+z^2}}=\frac{y}{\sqrt{x^2+y^2+z^2}}$,

$$\frac{\partial u}{\partial z}=\frac{2z}{2\sqrt{x^2+y^2+z^2}}=\frac{z}{\sqrt{x^2+y^2+z^2}}$$

20. 当 $x=7,y=3$ 时,该企业获得的利润最大

期末真题(三)

1. 略

2. $\frac{1}{4}$

3. $2(\tan x-x)+C$

4. $2e^{\sqrt{x}}+C$

5. $-x\cos x+\sin x+C$

6. $2\sqrt{1+x}+\ln\left|\frac{\sqrt{1+x}-1}{\sqrt{1+x}+1}\right|+C$

7. $\frac{\pi}{4}-\frac{2}{3}$

8. $e^2+1+\cos 2-\cos 4$

9. π

10. π

11. 曲线的凸区间为$(-\infty,0]$,凹区间为$[0,+\infty)$,拐点为$(0,10)$

12. 切线方程为 $y=x$,法线方程为 $y=-x$　13. $\frac{3}{2}-\ln 2$　14. $\frac{1}{2}$

15. (1) $\frac{\partial u}{\partial x}=-y\sin(xy)$;

(2) $\frac{\partial u}{\partial y}=-x\sin(xy)$;

(3) $\frac{\partial u}{\partial z}=3^z\ln 3$;

(4) $du=-y\sin(xy)dx-x\sin(xy)dy+3^z\ln 3dz$

16. 当甲、乙两种产品的日产量分别为28件和20件时,该工厂的总成本最低